大人パリジェンヌ
Stories
おしゃれと恋と日常と

米澤よう子
Yoko Yonezawa

はじめに

たとえばみなさまが5歳の少女の頃、「大人の女性」ってどんなイメージでしたか？

大人＝母親ほど年の離れた女性ではないでしょうか？
年齢では30代から40代。

私はそのイメージでいました。
1960年代の昭和のそのときは、40にもなれば人生も半ばで、
とうに落ち着いているイメージだったのに、
自分がその年を過ぎた今、
40代はまだ若い方で、これからできることはたくさん。
人生は今後60年続くかもしれません。

私がパリに渡ったのはアラフォーのときでした。
周囲には「武者修行」とも伝えました。修行するには遅いですよね？
実際には遅くありませんでした。
未知なるものが多く、人生をリセットしたような暮らしでした。

とくにマダムたちから受けた刺激は計り知れないものがありました。
おしゃれ、恋愛観、食生活、美容法など、
彼女たちの生活から得た方法や術は、40歳を超えていっそう
リアルなものとなり、日々の糧となっています。

東京に拠点を戻した私が、
自分の「引き出し」に入れたままだった「刺激」をとり出し、
現在、フランスのメディアや人など、
目にしたり交流したりすることと掛け合わせ、
ストーリーに仕上げたのが本書です。
大人ならではのパリを覗いてみてください。
「大人になってよかった！」と感じた私の「パリ」です。
本書から、みなさまも一緒に仮想旅行し、皆それぞれ違う、
パーソナルな「大人の女性」を感じ取ってもらえますと幸いです。

さて、大人のアミューズメントが始まります……！

Contents

はじめに — 2

Intro
大人の とある 1日ストーリー：セシル＆クロエのケース — 7

STORY	セシル（46歳）の とある 1日 — 8
	クロエ（40歳）の とある 1日 — 14
Column	パリの女性たちはなぜ情報に踊らされないのか？ 定番アドレスと長〜いおつきあい — 28

Part_1
大人のおしゃれ — 29

FASHION	自分スタイルをフェミニン路線に更新 — 30
	カブっても平気？ いやウレシイ！ — 32
	元気でおしゃれに見せるコーディネート — 36
STORY	母と娘のお買いもの — 40
Column	人に贈るおしゃれ 服装が、"エール"になる！ — 46

Part_2
大人の日常 — 47

MIND	「時計に逆らわずに生きる1日」 — 48
STORY	ちゃんと休む日曜日 — 56
MIND	「好き」と言える？ — 60
	リーディンググラスが知的に見せる？ — 61
	ロンリーになってオンリーを知る — 62
	今を生きるしか生きられない — 64
STORY	クロエ、レストランの ディナーに行く……誰と？ — 66
Column	ボランティアで格上げ "リッチ"なお金の使い道 — 76

Part_3

素敵に年を重ねるフランス女性 — 77

MADAME
- フランス女優の年齢肌 — 78
- シネマに見るフレンチ・スタイル — 80
- 主演イザベル・ユペールが体現するパリのマダム — 82
- TVで見つけた自分のスタイル貫く女性たち — 84

Column
「心のおしゃれ」を学ぶ
少しの待ち時間が地球を救う？ — 86

Part_4

大人のビューティ — 87

BEAUTY
- ベルかジョリか？ — 88
- 香りを相棒にして生きて行く — 90
- 内臓キレイ＝外見キレイ！ 内から美活 — 92

STORY
- 夫婦でデート？の日 — 94

Column
公共機関のリード役
弱者のための司令塔となる — 100

Part_5

大人のパリ流〜YOKOの場合〜 — 101

YOKO'S STYLE
- パリ流YOKOができるまで 〜初めて語る私の「40転機」〜 — 102
- 私のパリの赤っ恥 〜自分のことばかりじゃ大人じゃない！〜 — 108
- 水着マダムに私も水着になって紛れる — 110
- 天国へ行く前の"天国" 〜リタイア後の南フランス〜 — 112

STORY
- ジャン＆セシル宅でランチの会 — 114

焦らないことがありのまま — 124

おわりに — 126

大人になった私たち、
大人になったパリジェンヌたち──。
大人になったみなさまへ贈る、物語です。

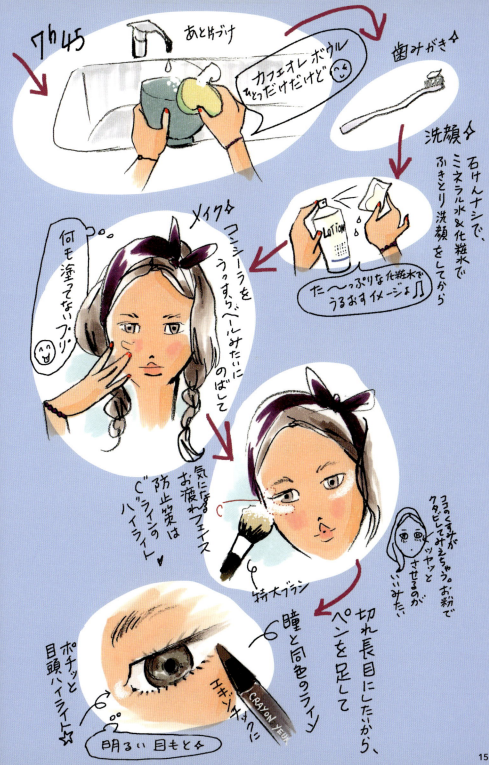

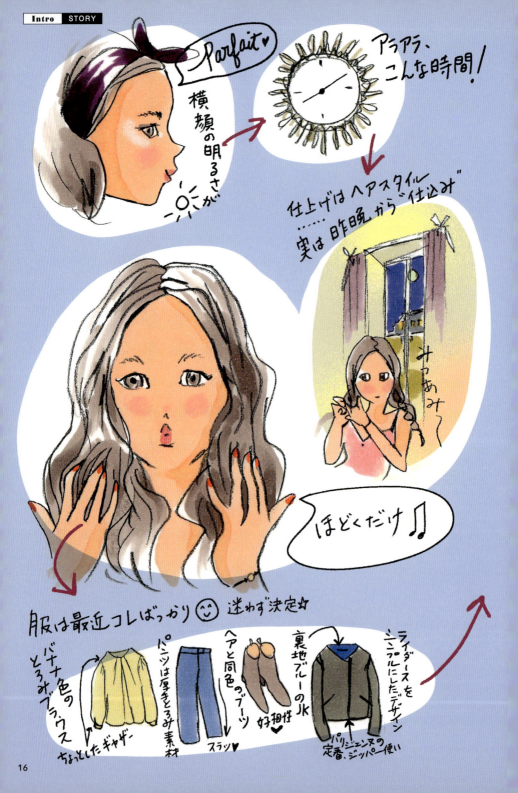

Column

パリの女性たちはなぜ情報に踊らされないのか？

定番アドレスと長〜いおつきあい

　パリの1店舗から始まり、世界中へと広まった「agnès b.」。長きにわたり人気ブランドを率いるカリスマ的存在、デザイナーのアニエスが来日。顧客が集うパーティに、私も潜入できました。質問タイムでは、パリに住むアニエスへ「好きなパン屋さんは？」との質問も。答えは「ポワラーヌ」。有名店のポワラーヌです。この答えに、「大人ならではのパリ」を見い出せました。

　ポワラーヌの「パン・ド・カンパーニュ」はずっと変わらぬ看板商品。実食すると、カフェのようなビター味の「皮」と、しっとり酸味の「中」に味の違いが。毎日食べ続ければ、お天気や自分の体調次第でも、違いを感じます。そんなささいな面から、ひとつが「多彩」に変化。そして、ひとたび体が覚えてしまえば、それひと筋、一途な愛へと変わる！

　同じ店、品でも、長い年月携わると「使い方」「味わい方」が変わる──。大人になって、わかる気がしませんか？ 新店舗、目新しいスポットを渡り歩くのはアクティブな若いコへ任せてもOKとなるのですね。

Part_1
大人のおしゃれ

Part_1 **FASHION**

自分スタイルをフェミニン路線に更新

女っぷりを上げながら年を重ねる

Part_1 FASHION
カブっても平気？ いやウレシイ！

32

Part_1 FASHION

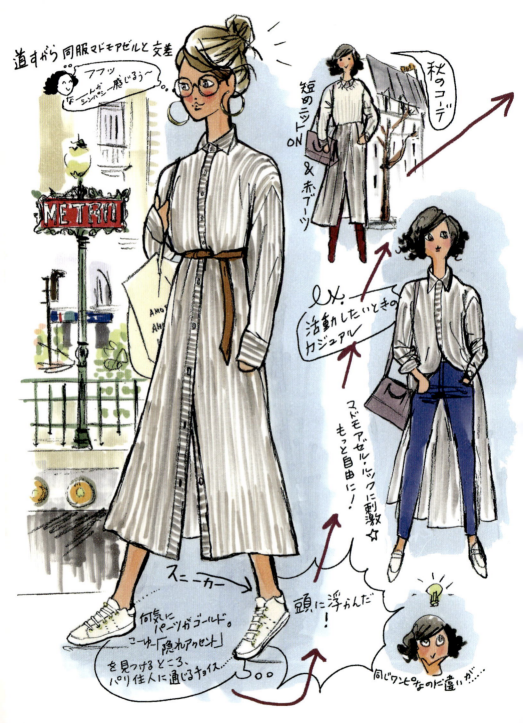

Part_1 FASHION
元気でおしゃれに見せるコーディネート
大人肌に映えるイエロー系ワントーン

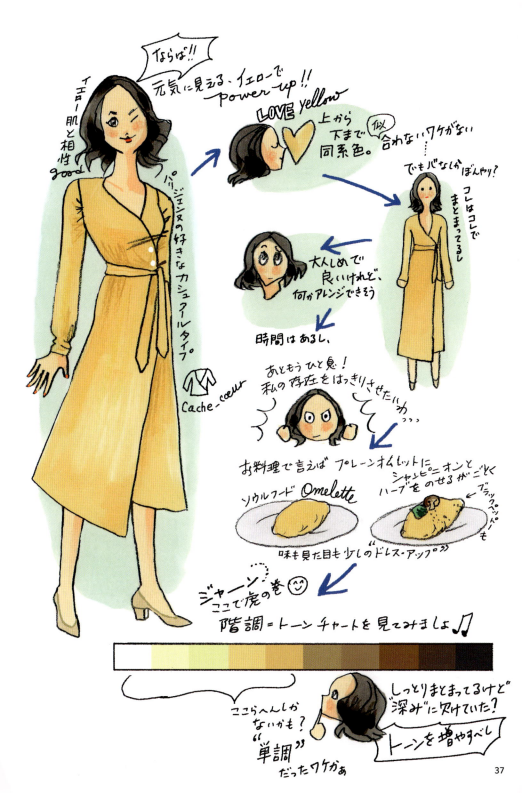

Part_1 FASHION

Part_1 STORY

母と娘のお買いもの

Part_1 STORY

Part_1 STORY

Column

人に贈るおしゃれ

服装が、"エール"になる！

　親しい友人と会う時に、どんな格好にしますか？　たいていは似合う服や、好きな服。気の置けない友人ですもの！　格好は自由ですよね。２００５年にパリのギャラリーで開いた個展のオープニングで、それだけじゃないことを私は知りました。

　文筆家の長谷川たかこさんを迎えた時、ヴィヴィッドなピンクのワンピースがとてもまぶしく、思わず「お似合い」と伝えると、「今日はよう子さんのパーティだから、いちばんのお気に入りを着てきたの」と、たかこさん。その言葉に感激していると、この個展を実現してくれたマネージャーで同級生でもある、さみちゃん（人生の半分以上がパリ）の友人パリジェンヌが私に耳打ちしてきました。「見て、SAMIは今日、スカートよ。あなたのパーティだからね、きっと」（さみちゃんはパンツスタイルが多かった）。

　私の個展ということで、友人たちが、私の気持ちや現場の雰囲気を「盛り上げる」おしゃれにしているのがひしひしと伝わりました。その場に流れた華やかで和やかな空気は、紛れもなく友人たちの助けによるものでした。

　パリでの私は、あるかないかすら知らないドレスコードを探っては悩んでいました。相手を思う気持ちを身なりにすると、迷わぬようになりまた！

Part_2

大人の日常

| Part_2 | MIND |

「時計に逆らわずに生きる1日」
雨の日も、晴れの日も、時間に寄り添いながら乗り越える

Part_2 MIND

ちゃんと休む日曜日

Part_2　STORY

Part_2　MIND
「好き」と言える？
好きな気持ちは、まっすぐに

「安易に好きと言えば、誤解されてしまいそう」と、予防線を張っていたら、フランス人の「好き = J'aime」は頻繁。交流の突破口にもなっています。たとえば SNS においても日本は「いいね！」。フランスは「J'aime」。いいね！と同意の語感があると、個人主義のフランスでは、ややこしくなりそう。「好き」と言えば、誤解はないですよね！

リーディンググラスが知的に見せる？
やむなく増えるアイテムが効果あり

Part_2　MIND
ロンリーになってオンリーを知る

　南フランスで印象深いシーンがありました。人気の観光村を車で移動していた時のこと。ツーリストでにぎわう広場にある、植え込み横のブロック石に座っている初老のムッシューがいました。せわしなく交差する人々のなか、ひとりたたずみ、そこだけがまるで静止画像のようでした。「あそこに村長さんが」と、運転手さんが彼を指差した時には軽いショックが！　ゆとりある時間を持てる職業のイメージはまったくありませんでしたから。

　場所を都会のパリに移しても、静止画のようにゆったりとする人は珍しくありません。パリジェンヌもその一員。一歩外へ出れば、よく見かけます。たとえばカフェの表の席で。

　日本においては、店の奥の、やや個室化された一角が「おひとりさま」の特等席ですよね。同じくすると、パリではなぜかさびしい！

　ひもとけば、ひとり離れると外に出た意味がないといいましょうか。静けさより喧噪、騒がしければ騒がしいほど居心地が良いのです。群衆の中だからこそ、自我になれるんです。

　日本でもそんな席を選んでみてほしいのです。そして着席したら、ただのんびりとしてください。次第に周りの目も声も遠くなります。そして、「私の人生の主役は私」と、自尊心が向上！　これが私の受けたパリ・マジックのひとつです。

ひとりでいれば、
ひとりのフィロゾフ
哲学者となる

私は私……
je pense
comme
une philosophe

Part_2　MIND

今を生きるしか生きられない

　とくにわけもなく、ふさぎ込むこと、ありませんか？　私がシルヴィと出会ったのは、そんな時でした。10年以上前の出来事だけれど、今も脳裏に焼き付いているシーンです。

　パリのカフェは、ある意味、自分の家のリビングが移動したような所。張り詰めていた心の糸がふと切れる瞬間もあります。私は初対面のシルヴィに、心の中をさらけ出してしまいました。

　横並びに座っていた彼女は、体をこちらの真正面に向きを変え、しっかり目を見て話を聞き、答えてくれました。彼女の見つめる先は私。私は今、確かにここにいるんだな！　と当たり前なはずの自覚をしました。すると、折れそうだった心が立ち直り始めました。

　シルヴィの体験談は、稀なケースでシリアス。垣根を越えて話してくれたシルヴィの表情には、嘘のないりりしさがありました。

　「大切なのは今、ここで息をしていることよ」と言ったかどうかは覚えてなくとも、学んだことは確かです。

時間を伝えたのをきっかけに、お互いの自己紹介を。シルヴィも同年代で、近所でブティックを営んでいました。

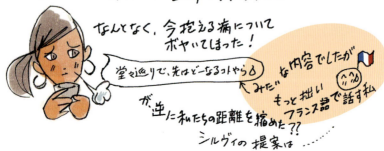

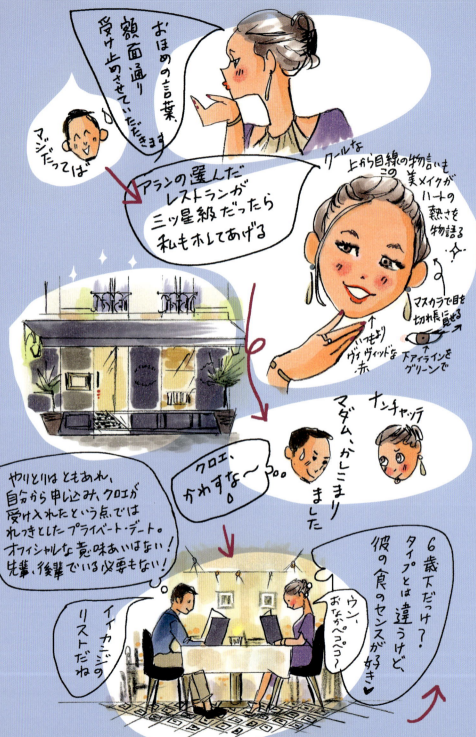

Column

ボランティアで格上げ

Part_3

素敵に年を重ねる
フランス女性

Part_3　MADAME

フランス女優の年齢肌

年輪のように刻まれていくシワが美しい

　今からおよそ150年前。19世紀の絵画の革命が「印象派」でした。日本でも人気ですよね。マネから始まり、モネやルノワールらが加わって、ひとつの派とされました。

　それまでの絵画は、ていねいな「写実」が主流。それに見慣れていた人々は、粗い筆致がのこる印象派の画風には、違和感を覚えたのか、「描き損じか？」「雑だ」「未完成では？」と否定的でした。

　「パッと見」をパッと描いたような、速く粗い筆致の一枚、モネの「印象・日の出」画題から、「印象派」と名付けられました。まさか、こんなに人気になるとは!!

　時代は少し残酷で、写真技術が向上し、めきめきと台頭し始めた頃、人やシーンの記録の役割も担っていた写実画は、以前ほど重宝されなくなったのかもしれません。

　また、時代には必ず「先見の明」の人がいて、その人々から「新しい絵画手法」と注目され、アウトサイダーだった印象派の地位が向上！

　ところで印象派と女優にどんな関わりが？？　はい、そうですよね。私は左のイラストで女優さんの細部を描きましたが、それは資料があってできること。普通は、誰のどこにシワがあってシミがあって……などと記憶しないですよね。人を覚える際、ホクロは個人の「しるし」となりますが、シミシワは違います。

　人間の認証は、うすらぼんやり「こんなカンジ」として捉えるもので、機械ほどの精密さはムリ！　印象派はまさに人間の視覚で描いているのです。

　フランス女優さんたちを研究すると、乾燥気候も手伝って、老化は早いかもしれません。しかし、印象で見れば、あんまり神経質にならないのかな？と、想像します。そして、シワはある日急には出ませんしね！

　「年輪」のように増えていくもの。自然に年をとるって、そういうことなのかもしれません。

♪ダバダバダ♪のミュージックも有名な「男と女」。アヌークのムートン姿がすてきです。その他のファッションも必見☆

Part_3 MADAME
シネマに見るフレンチ・スタイル
パリに住むヒロインからリアルなおしゃれを受信

Part_3 MADAME

主演イザベル・ユペールが体現するパリのマダム
良い時も悪い時も、ひたすらいつもの自分のあり方で

　パリで生きる50代後半のナタリーに、不運が次々と襲う。その先の彼女は……？

　ナタリー役のイザベル・ユペールがりりしい！　そして脆い。そのアンバランスさも、パリジェンヌらしいと思います。良い時も悪い時も、時間は同じく流れてしまうもの。おしゃれを見れば、ひたすらいつもの自分。TPO、着まわし、少しの色気など、パリジェンヌのお得意が。全編通じて「日常のパリってこうよね」と共感する要素がいっぱい！　文化・習慣は違えど「大人女性」の日常をのぞき見できる、私のイチ押し作品です。

　「未来よこんにちは」の原題は「L'Avenir＝未来」とだけ。つい深読みをしてしまう！　劇中のセリフ「先が読めない」の「先」にも使用されている単語。近い先から遠い先まで、「未来」のスパンを長くすれば、いつか傷はいえると思えてしまいます。

TVで見つけた自分のスタイル貫く女性たち
無敵の存在感に、「トレードマーク」の共通点

> Column 「心のおしゃれ」を学ぶ

少しの待ち時間が地球を救う？

　スーパーのレジでは、常に不慣れな私。支払いと袋詰めをほぼ同時進行にしてさっさと済ませないと、うしろの人々を待たせてしまう！　早くお札を出さなきゃ、カードを入れなきゃ、早く袋に入れなきゃと焦ったものでした。

　そんなレジ周りの出来事です。ひとりのマダムは、ゆったりとしたマイペース。彼女の譲れないスタンスは「エコバッグ」。それに同意するかのように、会計と袋詰めを皆が待ちました。一部始終を見る間、私の思考は地球規模までに至りました。自分にだってできるはずのエコ活動を、マダムに思い知らされたのでした。

Part_4
大人のビューティ

| Part_4 | BEAUTY |

ベルかジョリか？

美形？ それとも？ ふたつの女性形・形容詞からひもとく美の基準

たとえばフレンチシネマを観て、「素敵な女優さんだな」と思った時。「BELLE か JOLIE か？」としばし考えてしまいます。日本語の感覚で、ふわっと「キレイな人だな」で済ませても良いとは思いつつ、フランス語の感覚に置き換えると、ひとくくりにできなくなります。美人？ それとも？

あくまでも私の解釈ですが、BELLE＝ベルはその意味通り、美しい。明らかに美形。JOLIE＝ジョリは、英語では PRETTY。辞書には「キレイな、カワイイ」とありますが、BELLE のような美的なものさしでなく、受け取る雰囲気によるものと思います。私たちの感性では、「キレイ」よりも「カワイイ」の方が近いかも。ところが、厳密にはカワイイにあたるフランス語はなく、「KAWAII」と、外来語で使われています。JOLIE と微妙に異なるのは、子どもや女性にとどまらず、老若男女やモノに至るまで使える柔軟さです。そんな日本人独特の感性にパリジェンヌたちは興味津々な様子。日本女性の趣味嗜好に触れると、彼女たちはうれしそうに「キャワイイ」と言うところがカワイイんです。

カワイイをヌキにして BELLE か JOLIE かで二分するならば……統計的にはパーフェクトな美人顔は少数派。大多数の JOLIE の利点は、年を重ねても個性が残り、味わい深い顔に変化すること。かたや BELLE も負けてはいないものの、元が完璧なだけに、少しの寸法の違いでも崩れて見えちゃうデメリットが！

外見は年齢で変わるけれど、表情が「チャーミング」であることで、同等になれますよね！

Part_4 BEAUTY
香りを相棒にして生きて行く

Part_4　BEAUTY

内臓キレイ＝外見キレイ！　内から美活

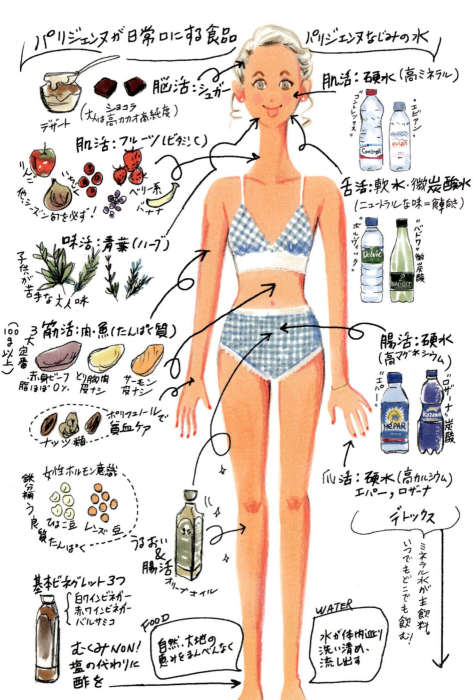

カラダの中のキレイ度を想像

　大人になるにつれ、お肌や体調ケアのため、補給すべき成分が増えますよね。筆頭は基礎化粧のアイテム。サプリや美容ドリンクなども常備。さらにパリならではのアイテムをと期待し、渡仏したら、肩透かしが！　特別なモノは入手できずにいました。仕方なく、パリジェンヌと行動範囲を一緒にしてみました。すると、ファーマシーではなく、マーケットにある、別の「美容品」に目を向けていたのでした。

　それは、水と食品です。どちらもカラダの中に入れるモノ。外に症状が出る前に、内側からケアするということかな？　何はともあれスタート！

　水と食品は選択の幅が広く、鮮度や純度も選択肢のひとつ。選ぶのにそれなりの時間がかかり、自然と興味が向くようになりました。各々の栄養成分を知ってからは、自分のカラダが今、補給すべき栄養素を予測するまでに……という段階で、フランス女性の美容法を体感しました。私は左のイラストのように美活に当てはめ、日本でも励み、効果を確かめ、楽しんでいます。

　ところで、フレンチのおかずに砂糖を使わないのはご存知ですか？　糖分は最後のデザートでいっぺんに摂ります。これで栄養バランスもバッチリ！　甘いモノでシメればストレスもなく、体重も、気にするほどではなくなります。

　カラダの内側は目に見えませんが、キレイな色の内臓を想像してみてください。クリアにしたい気持ちが芽生えれば、体にやさしい味つけのヘルシーレシピが増えて、美に磨きがかかるはず！

Column

公共機関のリード役

弱者のための司令塔となる

Part_5

大人のパリ流
〜YOKOの場合〜

Part_5 YOKO'S STYLE

パリ流YOKOができるまで 〜初めて語る私の「40転機」〜

この章のスタートにしばし……
私の分岐点、アラフォーでパリへ渡り、過ごした あれこれを記します。
"修行"というには 遅め？ 理由を挙げれば キリがない！ ただ、おつきあいください♪
40を目前に、行き詰まり感がありました。
若い頃にひいた 設計図に従い、あるいは 自然の流れにも従い
　　　　　　　　　　　　がむしゃらに生きてきたけれど……。

　「はたしてこのまま つっ走れるのか？？？」

この不安は、予期せぬ病発覚が招いたものです。
健康不安。

アタマの真ん中に、小さな豆つぶ大の器官があります。
　　　　それは ぶら下がって見え、「下垂体」の名です。

ココ → 直

友人他、みなさまには、
「脳の中が悪かったのが わかった⊙！」
（説明が難くて !!）

それまでの人生では無縁、
　もちろん 名も知らぬ 箇所に 腫瘍がありました。
　　頭の　　　　そして切除のためのオペ。
　真沖ですが、今は 開頭不要。耳かきのように
　鼻から 腫瘍を「かき出す」のです。しかしながら 耳かきより シリアスで
　デリケートなものですから、8時間を要しました。

　　　良性とはいえ、オペ後もやっかい!! 脳下垂体は、ホルモン分泌を促す、
　いわば 脳の「司令塔」。腫瘍でもって
　　　誤った司令が行くことも。

「んも〜 ナカタ、しっかり!!」
（当時の日本サッカー司令塔、
中田選手を例えに）

脳から全身への血、臓器へと流れるホルモン。ホルモン系での最たる例は
　女性の生理とも思います。体力だけでなく、気力、精神にも症状が
出ますよね？ 私の場合、種類は 違いますが、同様くとして良いと思います。

　当初は 余裕を見せ、ギャグまで 飛ばしていましたが……
　　　　　　　　病名を 受け容れるまで
　　　　　　　　時間が必要でした!!
　　末端肥大症、
　　先端巨大症

「カワイイ好き」で生きてきたのに

Part_5 YOKO'S STYLE

私の悪いところは 成長ホルモン と診断されました。
　　　　　　　　　　特有なのが、外見への影響。
子どもの頃に 終わったはずの 成長。
誤った分泌で、大人になっても成長可能な部位を、大きくします。
おもに末端で、手足、鼻、アゴをふくらませます。 顔全体も大きくなります。

10年分の
顔写真も提出。
浮かれたショットでしたが 一応
　　　　　　　　　　データになる

難病（10万人に4人のまれなケース）からくる
外見の変化に「ナルホド」と納得し、退院、復帰！

私の仕事の 得意分野 は 美に携わるコト!!

ビューティ
テクニック
　まゆカット
　小顔ブームのとき

シェイプ法
エクササイズ
ちょうど
スリムブーム

病は徐々にであって、明日急変するものでもなく……
だったら
気分転換を大きくなるゲマつもりで、
仕事場を変えよう、
環境を変えるのがて とり早い！
と、なりました。

それには帰郷が一般的。故郷のない私が
浮かんだ場所は パリ。
最多旅行先で、東京の次に友人が多い（とは言っても数人）
ところだったから。
旅のとき同様に ✦キラキラ✦ の毎日を♡
　　そして　アパルトマンへ　いざ入居！

はじめは近寄りがたかったパリジェンヌ（とくに店員さん）。笑顔少なく感じ……
ハキハキしてる
話すと印象変わる。

Oui でも
Non でも
なにしろ
「応答」! ……すると、

にこり
ごめんなさいね　désolée
Oh アラ、私ったら
と、カワイイ個性が♡

決めゼリフは
あなた次第で！
Comme vous voulez!

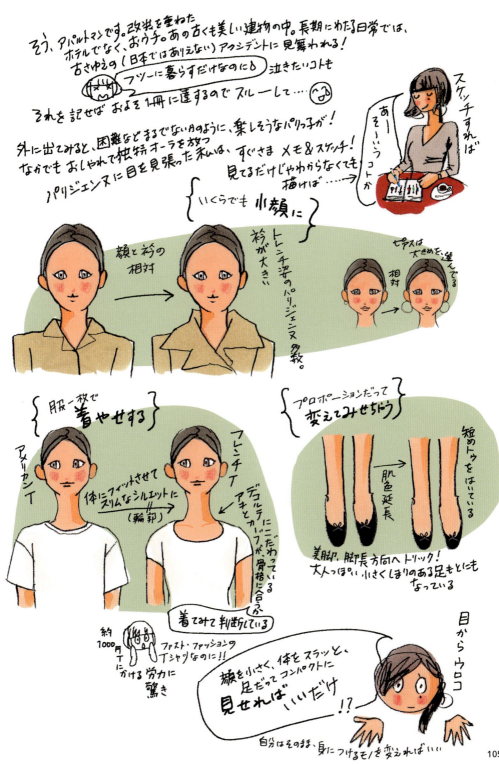

Part_5 YOKO'S STYLE

おしゃれなパリジェンヌを見つけては
スケッチに熱を入れる毎日でした。彼女らは早足で、姿はあっというまに
人ごみの中へと消えるので、追跡は大変！道で、カフェで、公園で、
忘れないうちに描き留めました。服だけじゃなく着方にもヒミツが！

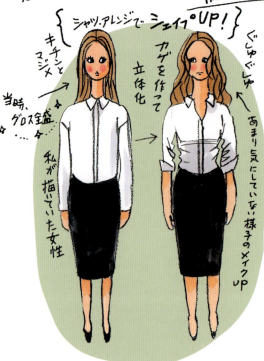

{ シャツ・アレンジで シェイプUP！ }

キチンとマジメ
当時、グロス全盛
私が描いていた女性

カゲを作って立体化

ぐしゅぐしゅ
あまり気にしていない様子のメイクUP

自分が取り組んできたコトとの違いに

新鮮♡

そうだ！！
キレイにメイクしていた時間を、
シャツのスタイリングに充ててみよう！

という気になりました。

街を歩けば、華やかなモードが展開され、
着る好みもわからぬままに買い物をしていました。
が、パリジェンヌが密集するZARA, H&M,
コントワー・デ・コトニエへ潜入し、地に足の
ついた買い物の仕方を教わりました。
（徹底した試着が肝）

"お手本"は街のフツーのパリジェンヌでした。

これらの装いを覚えてからは、
病気由来のコンプレックスが二の次に！

{ トレンドとは違うけど、スマート・トリック }

世界的トレンドだったルック
手持ち？

視線の流れの防げ
デコボコがタタい

スラーッと
流れるラインに
している

あ、そーいえば カオとかスタイルとか 見てなかった

パリジェンヌ、スケッチにないても 雰囲気で 魅せられて、描きたくなった

そんなこんなを機に、私の描く女性にも変化が!

パリジェンヌの"おしゃれ"を描くようになりました。顔は、パーツよりも表情にこだわりを持つようになりました。

パリジェンヌから影響され、ほこ先が変わった おしゃれ観。
行動範囲も広がり、ヘタリぎみだった心に 活をとり戻しました。
40前にして、ガーリー路線からの脱線を余儀なくされたような気がしていたのですが、

わくわく ときめき カムバック エキサイト!!

パリマダムを見て 気が楽になりました。
好きは好き! 嫌になったときに やめる!

3ヶ月滞在のつもりが 4年となったとき、
脳の再オペのため 帰国。「肥大化」は幸運にも解消されました。
その後もいろいろドラマがあり、
今は別の ホルモン病を抱えつつも元気です!!
この病気は、自分や誰のせいでもない
生活習慣や 遺伝でもない、突然変異。
少数にわりあてられた 運命!?

でも 何も 私にあてなくても いいのでは?

と、理不尽で、モヤモヤした時もありました。
ん!?
でも、悪いコトばかりじゃない!
64ページのシルヴィとのエピソードや、
医療現場での出会いがあります。

ここで 読者さんのレビューからの一文を拝借し、シメます。

人生の苦みも ケ・セラ・セラと笑える程になれば、
なるようになる!
上等♪

広がり、ふくらみおさえて コンティニュー
パリ的 チョイス&スタイリング

「パリで 細胞レベルまで 変わってしまった」

Part_5 YOKO'S STYLE

私のパリの赤っ恥 〜自分のことばかりじゃ大人じゃない！〜

Part_5　YOKO'S STYLE

水着マダムに私も水着になって紛れる

夏のパリを照らす太陽。でも！もっとお日さまを近くに感じたくなり、フランスの南へと体を移動。ヴァカンスで日光浴してビタミンDを体にチャージ☆ ヘルシーに！
……とはパリッ子のことで私はというと、
まずはビーチに大挙する人の数に圧倒されました すごい人！

地中海へ目をやれば、老若男女がのんびり海につかってる……

その日の私は紫外線対策ルックで身を固め、意地でも服を脱がずにビーチを歩き、足だけ地中海に入れてみました。服を着続け海を眺めていると、自分が"異人"のように思え、風景から浮いているような ひとり …? まるで銭湯にひとり着衣でいるみたい？

別の日に、私も水着になり、地中海に入ってみました。

人々に紛れてみました
あ、自意識過剰♪
だ〜れも私になんか、目もくれない。その特別視されない目線と距離感は銭湯と似てる！
確かに遠く日本からやってきた"エトランジェール 異国人"だけど、この地のムードに流され、この地の人のひとりとなる！それがヴァカンスたるもの、とも知りました

ホントの地元の人は、お金を使わない
アルミにくるまれたピスキュイ
毎日でも海水浴できる。うらやましい！

トップレスビーチにも行きました（さすがにマネはムリ）
…やはり銭湯を思い出し…
限りなく自由☆
時間や服の"縛り"からの解放!?
それもヴァカンスなり♥ Bonnes Vacances!

Part_5 YOKO'S STYLE

天国へ行く前の"天国" 〜リタイア後の南フランス〜

焦らないことがありのまま

マダムの言葉が今も支えに

私の30代は、
必要以上に馬力の出る病もあって、バイタリティに溢れるものでした。
物事は常に同時進行が当たり前でした。

パリでは、物事をひとつひとつ終えてから次、というペース。
こちらが手っ取り早く済まそうとすると、その倍時間がかかり、
泣きたくなることがしょっちゅうありました。

最初はいじわるをされているのかな？　とも考えました。
「もっと早く」「なんで一緒にできないの？」「予定がくるっちゃう！」
と焦りをあらわにすると、
「そういうことだから」と、スルーされておしまい。

そう、彼らにとっては「当たり前のこと＝そういうこと」でペースを変えずに進むだけ。

いつの日だったか、
「ここはパリ。ここのやり方に不満があるなら日本に帰ればいい」
と、根本に戻りました。

「なるようになる」と身を任せていたら、日仏うんぬんではなく、
「人間、このくらいのペースがちょうど良いのでは？」
と思うようになりました。

たとえばレジだって、いったんしめて次の会計をした方が確か。
人は、機械じゃないし、間違いがあって然り。
ついでに言えば、客側もレシートを確認します。
疑っているのでなく、ひとつの「共同作業」。
間違いがあるのが前提なので、
たとえ間違っても「お互いさま」ということでスッキリ終わり！

そんなこんなで、パリでのレジ待ちも苦ではなくなった自分がいました。
そもそも、その「苦」は、自分でこしらえたようなもの。

いつも時間を気にして、焦っていたような……。
みんな同じく流れている時間なのに、自分の時計だけ、自ら早めていたんです。

東京暮らしも長くなると、いつのまにやら便利でスピーディなシステムに頼り、滞れば「早く！」と、時計を早回しする自分がいます。
そんなとき、ある80代マダムの言葉を思い出します。

東京ではもうひとつ。
休むことを忘れてしまう！　休むことの罪悪感から解放されたのもパリ。
休んでいるだけで、なまけているのではないのですよね。
私はともかく、みなさまは、そうです！

日本のペースを変えずとも、
お互い、ときには時計を伏せて
過ごすのも大切ですよね。
ゆるやかに休むパリジェンヌみたいに！

おわりに

いかがでしたか？

「セシルとクロエ」から始まった大人パリジェンヌたちのストーリー。
舞台はパリですが、ここに出てくる主人公を、あなた自身にあてはめて読んでくださったなら、嬉しく思います。

確かにモデルはパリジェンヌですが、彼女たちだって普通に暮らす一般女性。
時計の針は平等に進んでいます（時差はあるけれど！）。

「1日」という細い糸ををを少しずつ紡ぐように、
日々を過ごし、そして365日経ち、年を確実に重ねています。

私が彼女たちから学んだ（小さな）心得のなかから、ふたつお伝えします。
目の前に確かに見える人や具象から、小さな幸せを見逃さないでいること。
そして、目には見えない不確かな未来には、小さな希望を胸に抱き、ひっそりとときめくこと。

長く生きれば生きるほど、無理難題もそれなりにありますが、
（パリジェンヌになったつもりで）
ちょっぴり文句やグチを言いながら、 最終的には「ケセラセラ」。

そして、喜怒哀楽アクシデント含めて、
「セ・ラ・ヴィ」と笑って言えたらいいですよね！

この本をここまで読んでくださり、ありがとうございました。
いつも応援してくださる読者のみなさまに「MERCI」を！
そして、お互い大人の女性として、乾杯を！

最後に―。

本書実現へのご助力と、たくさんの励ましをいただいた、
光文社の藤あすかさんに深くお礼を申し上げます。
企画から多くの過程で、常に笑顔でやさしく支えてくださった、
編集の江口暁子さんに、感謝の気持ちでいっぱいです。
いつも親身になって考えてくださり、
理想以上のブックデザインをしていただいた、
那須彩子さんへ、心からお礼をお伝えします。

本当のところ、お礼の気持ちは言葉になりません。
私の最大限の愛と感謝を、絵に代えさせていただきます。

1000回のありがとう!!!
米澤よう子

米澤よう子（よねざわ ようこ）
東京都生まれ。女子美術大学付属高校、女子美術短期大学造形科卒業。グラフィックデザイナーとして広告制作会社に勤務後、1993年にイラストレーターとして独立。化粧品パッケージや広告キャンペーン、女性ファッション誌、CM、書籍装画などで活躍。2004年から4年間、活動拠点をパリに移し、高級百貨店LE BON MARCHÉ(ボンマルシェ)で個展を開催するなど、多彩な活動を行う。パリ在住の経験を生かした著書、商品企画、フレンチブランドとのコラボレーションなどさらに活動範囲を広げている。近著に『フランス流 捨てない片づけ』(小学館)、『ねことパリジェンヌに学ぶリラックスシックな生き方』(文藝春秋)、『たった1枚のシャツでもパリジェンヌはおしゃれを楽しむ』(KADOKAWA)などがある。

Staff
Design：那須彩子(苺デザイン)
Edit：江口暁子
Special thanks：クラス・ド・フランセ(フランス語監修)

大人パリジェンヌStories
おしゃれと恋と日常と

2019年1月30日　初版第1刷発行

著　者　米澤よう子
発行者　田邉浩司
発行所　株式会社 光文社
　　　　〒112-8011　東京都文京区音羽1-16-6
　　　　電話 編集部 03-5395-8172
　　　　　　書籍販売部 03-5395-8116
　　　　　　業務部 03-5395-8125
メール　non@kobunsha.com
　　　　落丁本・乱丁本は業務部へご連絡くださればお取り替えいたします。

組　版　近代美術
印刷所　近代美術
製本所　榎本製本

Ⓡ＜日本複製権センター委託出版物＞
本書の無断複写複製(コピー)は著作権法上での例外を除き禁じられています。
本書をコピーされる場合は、そのつど事前に、日本複製権センター
(☎03-3401-2382、e-mail:jrrc_info@jrrc.or.jp)の許諾を得てください。
本書の電子化は私的使用に限り、著作権法上認められています。
ただし代行業者等の第三者による電子データ化及び電子書籍化は、
いかなる場合も認められておりません。

©Yoko Yonezawa 2019 Printed in Japan
ISBN978-4-334-95071-2